Pour Emma, de
la part de sa tatie Vali ♡
De gros Bisous pour
ma poulette !

« À Jean et Christiane, Valérie Burgener, Jacques et Alcyon, Fabienne, Laurent et Juliette. »

C. L.

Dans la même collection :

À la ferme
Baleines et dauphins
La banquise
Les chats
Ciel et espace
La forêt
Fruits et légumes
Le jardin
La mer
La météo
La montagne
Les petites bêtes
Les poneys
La ruche
Les saisons
La savane
Les volcans
Le zoo

BALEINES ET DAUPHINS

Texte de Christel Leca
Illustrations de Sophie Lebot

MILAN
jeunesse

Une plongée extraordinaire

Les mers et les océans réservent bien des surprises sous leur surface... Parmi elles, la présence discrète des cétacés. Rorqual bleu, baleine à bosse, cachalot, grand dauphin... Il en existe près de 90 espèces. Leur point commun ? Ce sont des mammifères marins qui sont très solidaires. Longtemps chassés par l'homme, ils sont aujourd'hui protégés. Tu es prêt à plonger à la découverte de leur monde fascinant ?

il était une fois...

Il était une fois une sorte de gros chien qui aimait tellement manger du poisson qu'il passait de plus en plus de temps dans l'eau. Au fil des générations, son corps s'adapta à son environnement. Quelques millions d'années plus tard, ses descendants étaient devenus des baleines, des dauphins et même des hippopotames !

On trouve des cétacés dans tous les océans et dans toutes les mers du monde.

Les cétacés descendent d'un mammifère terrestre à 4 pattes, qui est aussi l'ancêtre de cet hippopotame.

Les ancêtres des cétacés ont passé de plus en plus de temps dans l'eau pour se nourrir. Grâce à cette évolution, les dauphins et les baleines nagent très bien et attrapent facilement leurs proies.

UNE BONNE COUVERTURE

LES CÉTACÉS SE SONT ADAPTÉS À LEUR ENVIRONNEMENT. AINSI, LES GRANDS DAUPHINS QUI VIVENT DANS LES MERS FROIDES SONT PLUS GROS QUE CEUX DES MERS CHAUDES. ILS FONT DES RÉSERVES DE GRAISSE CAR ILS DOIVENT SE PROTÉGER DU FROID.

La narine des cétacés est appelée évent.

Les narines des ancêtres des cétacés ont migré vers le haut du crâne. Leur cou est devenu de moins en moins mobile, pour finir par se figer.

La baleine grise a tellement été chassée qu'on ne la rencontre plus que dans le nord du Pacifique.

CHACUN CHEZ SOI

CERTAINES ESPÈCES DE CÉTACÉS NE VIVENT QUE DANS DES ZONES PRÉCISES. COMME LE CÉPHALORHYNQUE D'HECTOR QUI VIT AUTOUR DE LA NOUVELLE-ZÉLANDE, LE LAGÉNORHYNQUE DE PEALE AU SUD DE L'ARGENTINE ET DU CHILI.

Leurs pattes ont raccourci jusqu'à disparaître totalement à l'arrière. Leurs extrémités avant se sont élargies et ont évolué en nageoires. Leurs os sont les mêmes que ceux de nos mains, mais en plus développés !

Des plus grands...

Au large, dans l'océan, c'est le monde des grands cétacés. Regarde : un rorqual bleu ! Il est trois fois plus grand que le bateau. La baleine franche est plus petite et plus ronde. Le cachalot, champion d'apnée, remonte des profondeurs. Cette baleine à bosse est en plein saut. Et la baleine grise nage tranquillement.

Certaines baleines peuvent vivre plus de 100 ans.

CÉTACÉS, QUÈSACO ?

LES CÉTACÉS SONT DES MAMMIFÈRES MARINS QUI NE VIVENT QUE DANS L'EAU, CONTRAIREMENT À D'AUTRES, COMME LE PHOQUE. ILS PORTENT LEURS PETITS DANS LEUR VENTRE AVANT LEUR NAISSANCE ET LES ALLAITENT.

Le rorqual bleu, appelé aussi baleine bleue, est le plus grand animal du monde. Il peut mesurer plus de 30 mètres de long, soit 6 voitures à la queue-leu-leu, et peser près de 200 tonnes.

C'est la baleine franche que l'on dessine avec son gros ventre et sa tête toute ronde ! De petits crustacés se fixent sur les bosses de son museau. Elle mesure plus de 18 mètres et peut peser jusqu'à 100 tonnes.

Ce cachalot remonte à la surface. Après avoir pris sa respiration, il peut sonder à plus de 3 000 mètres de profondeur, pendant 45 minutes. Il mesure jusqu'à 18 mètres et pèse près de 60 tonnes.

La baleine à bosse, ou mégaptère, est la championne des sauts. Elle sort de l'eau, se dresse à la verticale, se cambre et retombe. Elle doit son nom à la bosse qu'elle a sur le dos, au niveau de son aileron.

La baleine grise nage très lentement. Des petits coquillages - les bernacles - en profitent pour s'accrocher sur sa peau comme sur un rocher. Plus elle vieillit, plus elle est couverte de cicatrices, et plus elle est grise.

PETITS PARMI LES GRANDS

PARMI LES BALEINES ET LES RORQUALS, IL EXISTE DE « PETITS » SPÉCIMENS. LA BALEINE PYGMÉE OU LE PETIT RORQUAL DU PACIFIQUE NORD NE MESURENT QUE 5 À 6 MÈTRES ET NE PÈSENT QUE 3,5 TONNES AU MAXIMUM.

Les baleines sondent profondément. Elles plongent et explorent leur environnement.

...aux plus petits

La mer est calme. La surface de l'eau est lisse. Tout à coup, apparaît un aileron… C'est un dauphin ! Pas de risque de le confondre avec un requin, sa nageoire est plus arrondie, sa nage plus ondulante. Mais de quelle espèce s'agit-il ? Difficile de le dire en ne voyant que sa nageoire dorsale… Il en existe près de 40 différentes !

Le museau des dauphins est appelé « bec ». Chez certaines espèces, il ressemble à un bec de canard.

Avec sa grande nageoire dorsale et sa robe noire et blanche, on reconnaît l'orque. Sa puissance et sa rapidité font d'elle une grande prédatrice. Elle se nourrit de poissons et de grosses proies, parfois même des baleines.

En anglais, le nom du grand dauphin est *bottlenose*, ce qui signifie « nez en forme de bouteille ».

DANS LA FAMILLE DES DAUPHINS, JE VOUDRAIS…

CHEZ LES DELPHINIDÉS, L'ORQUE EST UNE GÉANTE : JUSQU'À 10 MÈTRES ET PRÈS DE 6 TONNES POUR UN GROS MÂLE ! À L'OPPOSÉ, LE CÉPHALORHYNQUE D'HECTOR NE DÉPASSE PAS 1,5 MÈTRE.

Le marsouin est un des plus petits cétacés, avec 1,5 mètre de long en moyenne. Il vit près des côtes, seul ou en couple. Sa nage, très ondulée et discrète, le rend quasiment invisible à la surface de l'eau.

QUELLE GARDE-ROBE !

LES DAUPHINS ONT DES ROBES TRÈS VARIÉES : LE DAUPHIN COMMUN A LES FLANCS BEIGES ET LES YEUX CERNÉS DE NOIR ; LE DAUPHIN TACHETÉ EST... PLEIN DE TACHES ; LE DAUPHIN DE COMMERSON A LA TÊTE TOUTE NOIRE.

Avec sa grosse tête ronde et son front très développé, le globicéphale semble sourire. Très sociable, il se déplace en groupe et s'approche volontiers des bateaux.

Chez les vieux orques mâles, la grande nageoire dorsale peut se plier en deux.

Certains dauphins vivent en eau douce, comme ici dans le fleuve Amazone au Brésil. Très rares, ils sont aussi très méfiants et presque aveugles. Ils ont un drôle de bec, long et étroit.

Champions !

Les cétacés sont des champions de natation. Ils sont bien équipés. Ils utilisent leur queue pour se propulser, leurs nageoires pectorales pour se diriger et leur nageoire dorsale pour se stabiliser. Le rorqual bleu, lui, a un autre atout : son corps effilé. Quant au dauphin, sa peau se déforme afin de ne pas le ralentir.

La baleine franche est plus trapue que le rorqual. Elle dépasse rarement les 15 km/h.

Les cétacés, comme ce cachalot, se propulsent grâce à leur nageoire caudale. Leur queue est très puissante. Ils la battent de haut en bas.

Leurs nageoires pectorales, sur les côtés, leur permettent de se diriger à droite ou à gauche. Les baleines les plaquent contre leurs flancs pour nager vite et elles les ouvrent largement pour ralentir.

Les poissons, eux, bougent leur queue de droite à gauche.

NAGER, C'EST FACILE

LE SQUELETTE DES DAUPHINS ET DES BALEINES EST GRAS ET SPONGIEUX. LEURS OS, LÉGERS ET SOUPLES, LEUR PERMETTENT DE FLOTTER SANS EFFORT ET DE S'ÉQUILIBRER LORSQU'ILS PLONGENT.

Lorsque le dauphin nage, des remous se créent à la surface de son corps, qui le ralentissent. Pour mieux glisser dans l'eau, sa peau se déforme et les atténue.

La silhouette des dauphins et des rorquals est fuselée. Elle leur permet de nager très rapidement. Ainsi, ce rorqual bleu peut atteindre 50 km/h en vitesse de pointe.

À L'HUILE !

LES ORQUES ET LES GRANDS DAUPHINS SONT LES PLUS RAPIDES : ILS PEUVENT ATTEINDRE 60 KM/H. MAIS ILS ONT UNE ASTUCE : LEUR PEAU SÉCRÈTE DE PETITES GOUTTES D'HUILE QUI LUBRIFIENT LEUR CORPS ET LES FONT MIEUX GLISSER DANS L'EAU.

Leur nageoire dorsale les stabilise, comme une dérive de bateau.

Bon voyage !

Le jour du départ est arrivé. Les baleines vont rejoindre les eaux chaudes. Les dauphins, eux, préfèrent suivre les bancs de poissons. Et pour aller plus vite, ils ont une technique : ils « marsouinent ». Le rorqual bleu fait une petite pause. Pschitt ! Il souffle de l'air pour reprendre sa respiration. Mais à qui est cette nageoire caudale ?

Certains poissons se collent au corps des baleines et voyagent avec elles.

Chaque année, les baleines effectuent de grandes migrations en groupe. L'hiver, elles rejoignent les eaux chaudes tropicales où elles se reproduisent. L'été, elles vont dans les eaux froides où la nourriture est plus abondante.

Les dauphins ne migrent pas, mais ils suivent les bancs de poissons. Ainsi, de grands dauphins peuvent vivre au large de la Corse, puis en Camargue, à plus de 500 km de distance.

BONNE NUIT !

LES CÉTACÉS DORMENT AUSSI. LE GRAND DAUPHIN NE DORT QUE D'UN ŒIL, OU PLUTÔT QUE D'UNE MOITIÉ DE CERVEAU. EN EFFET, L'AUTRE MOITIÉ GUETTE LES DANGERS.

En surface, les marsouins sortent à moitié de l'eau. Ils gagnent ainsi en vitesse. Lorsque les autres cétacés font de même on dit qu'ils « marsouinent ».

UN VRAI MARATHON

LA BALEINE À BOSSE DU PACIFIQUE SUD-EST EFFECTUE UNE DES PLUS GRANDES MIGRATIONS DU RÈGNE ANIMAL, ENTRE L'AMÉRIQUE CENTRALE EN HIVER ET L'ANTARCTIQUE EN ÉTÉ : 20 000 KM, LA MOITIÉ DU TOUR DE LA TERRE !

Ce rorqual bleu remonte à la surface et souffle de l'air par ses narines, appelées évents. Il se repose, reprend sa respiration, et replonge. Ses évents se referment, lui évitant d'absorber de l'eau.

Des baleines se déplacent parfois la tête en bas. Le vent pousse leur queue comme une voile de bateau.

Les amours

C'est la saison des amours. Les cétacés mâles montrent leur puissance pour séduire les femelles. La baleine franche exécute un grand saut, la baleine à bosse tape l'eau avec sa nageoire pectorale. Les grands dauphins se battent. Le vainqueur du combat s'accouplera avec la femelle.

Les femelles peuvent s'accoupler avec plusieurs mâles durant la même saison.

Lors de la parade amoureuse, les démonstrations de force se succèdent. Les cétacés mâles sont capables de sauter très haut hors de l'eau, comme cette baleine franche.

Pour courtiser sa partenaire, le mâle de la baleine à bosse se donne en spectacle : il se couche sur le côté et frappe la surface de l'eau de ses immenses nageoires.

LE PLUS FORT

LA FEMELLE CHOISIT LE VAINQUEUR PARCE QU'ELLE A AINSI TOUTES LES CHANCES DE DONNER NAISSANCE À UN PETIT VIGOUREUX. C'EST ESSENTIEL DANS UN MONDE DANGEREUX COMME L'OCÉAN.

Si l'intimidation n'a pas réussi, les mâles se battent. Coups de queue, coups de tête... Tout est bon pour gagner. Le combat peut laisser de vilaines cicatrices.

UNE CHANSON D'AMOUR

POUR SÉDUIRE LES FEMELLES, LE MÂLE DE LA BALEINE À BOSSE CHANTE PENDANT PLUSIEURS JOURS, SANS S'ARRÊTER. ON PEUT L'ENTENDRE JUSQU'À 200 KILOMÈTRES À LA RONDE !

Ce couple se frotte, se caresse, vocalise... C'est la parade nuptiale.

Ces dauphins sont prêts à s'accoupler. Ils ne nageront ventre contre ventre que quelques secondes, puis ils se sépareront à jamais.

Les premiers jours

Lorsque la naissance approche, la future maman dauphin est bien entourée. Une fois sorti du ventre de sa mère, le petit est accompagné par « sa marraine » qui l'aide à respirer en surface. La maman cétacé veillera sur son petit plusieurs années, jusqu'à ce qu'il soit assez grand pour se défendre tout seul.

Les jumeaux sont extrêmement rares chez les cétacés.

La femelle dauphin est prête à mettre bas. Elle se dirige, avec d'autres femelles, vers un endroit calme, à l'abri du vent, dans des eaux chaudes et peu profondes. Ainsi, le petit n'aura pas froid à la naissance.

Ce delphineau est en train de naître ! Sa queue est sortie la première. Sinon, il se noierait, car il ne peut respirer sous l'eau.

UN BÉBÉ EN ÉTÉ

CHEZ LES BALEINES, LA GESTATION - LE TEMPS NÉCESSAIRE À LA FORMATION DU PETIT DANS LE VENTRE DE SA MÈRE - DURE ENVIRON UN AN. LES FEMELLES SONT FÉCONDÉES DANS LES EAUX CHAUDES TROPICALES, MIGRENT POUR L'HIVER ET REVIENNENT L'ÉTÉ SUIVANT AU MÊME ENDROIT POUR METTRE BAS.

Si le petit naît la tête la première, la mère accouche en flottant sur le dos.

Une femelle ne met au monde qu'un petit à la fois. Elle attendra plusieurs années, qu'il soit suffisamment autonome et fort, avant d'en avoir un autre. Elle est présente tout au long de son apprentissage.

Après quelques minutes, le petit dauphin est poussé vers la surface. Une femelle peut l'aider à prendre son souffle et l'accompagner dans ses premières nages. On l'appelle la « marraine ».

Le petit rorqual bleu est le plus grand nouveau-né du monde : 8 mètres de long et 7 tonnes !

SE PROTÉGER

CHEZ LES CÉTACÉS, L'EXPULSION DU PLACENTA - LA POCHE QUI A PROTÉGÉ LE PETIT PENDANT LA GESTATION - SE DÉROULE PLUSIEURS HEURES APRÈS LA NAISSANCE. AINSI, SON ODEUR N'ATTIRE PAS LES PRÉDATEURS TROP TÔT.

Du lait et des jeux

Pssitt ! Le sifflement aigu de la maman dauphin retentit. Elle rappelle son petit qui s'est aventuré trop loin. Le delphineau se dépêche de rejoindre sa mère. Il se colle à son corps. Miam, c'est l'heure de la tétée ! Bientôt sa mère lui apprendra à chasser, à se défendre et à devenir autonome.

BABY-SITTER

IL ARRIVE QU'UNE FEMELLE DAUPHIN CONFIE À D'AUTRES FEMELLES SON PETIT POUR ALLER À LA CHASSE. QUAND LES JEUNES JOUENT ENSEMBLE, LES FEMELLES FORMENT UN CERCLE PROTECTEUR AUTOUR D'EUX.

C'est l'heure de la tétée ! La petite baleine à bosse aspire le lait propulsé vers sa bouche par la mamelle de sa mère. Ce lait est très épais, crémeux et riche. Il contient 30 % de graisse.

Collé à sa mère, le petit est bien camouflé. Les prédateurs ne le voient pas.

Grâce au lait de sa mère, le petit béluga grossit et sa couche de graisse augmente rapidement. Il est bientôt prêt à aller nager vers le large et dans des eaux plus profondes. Il va découvrir la vie de l'océan.

La jeune orque apprend à se nourrir toute seule. Sa mère l'aide en chassant des éléphants de mer, qu'elle blesse. Son petit peut ainsi facilement les attraper et les tuer avant de les manger.

Ainsi collé le long du corps de sa mère, le petit de la baleine à bosse a moins d'efforts à fournir pour nager. Le mouvement créé par sa mère l'aspire. C'est utile pendant les longs trajets pour économiser ses forces.

ATTENTION AUX MÂLES !

TANT QUE LA FEMELLE ALLAITE, ELLE N'EST PAS DISPONIBLE POUR S'ACCOUPLER. DES DAUPHINS MÂLES EXCITÉS S'ATTAQUENT PARFOIS À SON PETIT AFIN QU'ELLE SOIT À NOUVEAU PRÊTE À SE REPRODUIRE.

En s'amusant à faire des cabrioles, le jeune dauphin apprend à maîtriser sa vitesse.

Tous pour un !

Brrr ! L'océan peut être dangereux, même pour les cétacés. La vie en groupe et la solidarité sont la meilleure défense. Les adultes protègent les plus jeunes et les plus faibles. Et pas question d'aller à la chasse tout seul ! Pour renforcer la cohésion du clan, les cétacés bavardent entre eux : « clic clic clic ! Rrrr ! Blub ! »

Les baleines glapissent comme des chiots, meuglent, sifflent…

Face à un prédateur, les cétacés sont solidaires. Tandis que ces femelles cachalots forment un cercle pour protéger le petit, le reste du groupe fait face au danger.

Le béluga est tellement bavard qu'on l'a surnommé « canari des mers ».

En été, les baleines se regroupent en troupeaux de plusieurs dizaines d'individus pour chasser dans les eaux poissonneuses. Ces baleines à bosse s'entraident pour traquer les poissons.

TOUT UN MONDE

CHAQUE ESPÈCE A SON PROPRE LANGAGE. IL EST IMPOSSIBLE POUR UN BÉLUGA DE COMPRENDRE UNE ORQUE. ET AU SEIN D'UNE MÊME ESPÈCE, LE LANGAGE DIFFÈRE AUSSI. CHAQUE CLAN A LE SIEN.

Il arrive que les globicéphales s'échouent en masse sur les plages. En étudiant ces groupes, on s'est aperçu qu'un seul individu était malade. Les autres se sont peut-être échoués par solidarité ou parce qu'ils étaient habitués à se suivre ?

QUI ES-TU ?

ON A DÉCOUVERT QUE LES GRANDS DAUPHINS ÉCHANGENT UNE SIGNATURE SIFFLÉE COMPOSÉE DE PLUSIEURS « MOTS » QUI SIGNIFIERAIT, DANS NOTRE LANGUE : « JE M'APPELLE X, JE SUIS LE FILS DE Y ET J'APPARTIENS AU CLAN Z. »

Les grands dauphins créent parfois des cerceaux avec l'air qui s'échappe de leur évent. Ils s'amusent avec pendant qu'ils remontent lentement à la surface. Une façon de communiquer par le jeu ?

Un jeune cétacé ne doit jamais rester seul. Les requins et les orques rôdent.

À table !

C'est l'heure du repas, les baleines ont faim. Chaque espèce a sa technique pour chasser. L'une gobe du krill, gloups, un régal ! L'autre fait des bulles, la troisième soulève le sable... En surface ou en profondeur, tout est permis pour manger.

Les fanons sont de fines lames très rapprochées et souples, attachés à la mâchoire supérieure.

Les baleines et les rorquals sont des cétacés à fanons : des mysticètes. Ils ouvrent grand leur gueule, et gobent d'un coup eau et petits animaux. Grâce à leurs fanons, ils filtrent le liquide et ne gardent que la nourriture.

Humm, du krill ! Ces petites crevettes, qui vivent en bancs sous la surface de la mer, nourrissent beaucoup d'animaux marins.

Les fanons du rorqual bleu peuvent mesurer jusqu'à un mètre !

BAIN DE BOUCHE

UN RORQUAL BLEU PEUT STOCKER JUSQU'À 70 M^3 D'EAU DANS SA GUEULE : L'ÉQUIVALENT D'UNE PETITE PISCINE DE JARDIN ! IL ENGOUFFRE JUSQU'À 4 TONNES DE NOURRITURE PAR JOUR.

Pour rassembler le krill en masse compacte, les baleines à bosse forment un « filet de bulles ». Les bancs de crevettes remontent à la surface. Facile alors de les gober !

MIAM ! DU PLANCTON !

L'ÉTÉ, LA FONTE DE LA BANQUISE CRÉE UN MÉLANGE D'EAU DOUCE ET D'EAU SALÉE FAVORABLE AU DÉVELOPPEMENT DU PLANCTON. CELUI-CI EST CONSTITUÉ DE MINUSCULES VÉGÉTAUX ET ANIMAUX QUI DÉRIVENT AU GRÉ DES COURANTS.

En tournant leur ventre blanc face au soleil, les baleines éblouissent leurs proies, des petits poissons. Il ne leur reste plus qu'à les attraper !

La baleine grise plonge au fond de la mer. Elle racle les fonds pour aspirer le sable, l'eau et les petits poissons dans sa bouche. Puis, elle ne recrache que le liquide et le sable.

À la chasse !

Dauphins, orques et cachalots ont sorti leurs dents. C'est l'heure de la chasse ! Les grands dauphins filent comme l'éclair, l'orque passe à l'attaque. Seul ou en groupe, en surface ou en profondeur, au large ou sur la plage, chacun sa technique et son menu.

Les grands dauphins assomment les poissons d'un coup de queue pour les attraper.

Les cachalots, les orques et les dauphins attrapent leurs proies avec leurs dents. On les appelle des odontocètes. Leurs grands poumons leur permettent de plonger en profondeur à la recherche de leur nourriture.

Cette murène se sent observée, elle n'ose pas sortir. Deux grands dauphins guettent les ouvertures de sa grotte. Si elle sort, ils l'attraperont et s'en régaleront.

À TABLE !

LES COURANTS CRÉENT DES DIFFÉRENCES DE TEMPÉRATURE QUI SONT PROPICES À LA VIE. C'EST ALORS L'OCCASION D'UN FESTIN POUR LES DAUPHINS, LES BALEINES, MAIS AUSSI LES OISEAUX, LES THONS, LES REQUINS, LES RAIES...

Malgré sa taille, l'orque s'échoue pour attraper ses proies. Elle s'avance doucement jusqu'à la plage, puis elle passe brusquement à l'attaque. Cette fois, elle a attrapé un jeune lion de mer.

GOBE-TOUT

LES CÉTACÉS NE MÂCHENT PAS : ILS AVALENT LEURS PROIES D'UN COUP. C'EST LEUR ESTOMAC QUI BROIE LA NOURRITURE. PUIS ILS RECRACHENT LES ARÊTES DES POISSONS, LES CARTILAGES DES CALAMARS ET LES CARAPACES DES GROSSES CREVETTES.

On a retrouvé des calamars géants dans les estomacs de cachalots échoués.

Les dauphins tachetés chassent en petits groupes. Clic clic ! C'est le signal: un banc de poissons ! Près d'un millier d'individus se rejoignent pour les attraper.

Sens dessus dessous

Comme nous, les dauphins et les baleines ont cinq sens : la vue, l'ouïe, l'odorat, le goût et le toucher. Mais ils les utilisent de façon différente puisqu'ils vivent dans l'eau. Sais-tu qu'ils voient grâce à leur ouïe et qu'ils « goûtent » leur environnement pour le sentir ? Leur peau est aussi ultrasensible au toucher !

Les cétacés n'ont pas d'oreilles externes, mais ils ont une ouïe très sensible, qui leur sert à communiquer entre eux et à se déplacer. Cela s'appelle l'écholocation ou sonar. Elle leur permet d'explorer leur environnement et de détecter les dangers.

Les cétacés voient aussi bien hors de l'eau que sous l'eau. De part et d'autre de leur tête, leurs yeux voient devant, sur les côtés et même vers l'arrière ! Ils sont protégés de l'acidité de l'eau salée par un filtre.

ÉCOUTE !

CHEZ LES ODONTOCÈTES, L'OUÏE EST TRÈS DÉVELOPPÉE. ILS ENVOIENT DES SONS, APPELÉS « CLICS », PAR LEUR CANAL NASAL. CEUX-CI SONT RÉFLÉCHIS PAR LES ÉLÉMENTS QUI LES ENTOURENT (ANIMAL, ROCHER...). LES CÉTACÉS OBTIENNENT AINSI UNE IMAGE SONORE DE LEUR ENVIRONNEMENT.

Attention, un gros bateau ! Le bruit de son moteur peut brouiller le sonar de ce cachalot. Son sens de l'orientation risque d'être perturbé s'il y a trop de bateaux. Désorienté, il peut s'échouer sur la plage.

PARFUM DE BALEINE

DANS L'EAU, IL EST DIFFICILE DE SENTIR LES ODEURS. POURTANT LE SOUFFLE ÉMIS PAR LES BALEINES QUI SE NOURRISSENT ÉMET DES ODEURS CARACTÉRISTIQUES QUI PEUVENT PERSISTER LONGTEMPS APRÈS LEUR PASSAGE. C'EST UNE FAÇON DE COMMUNIQUER.

Le sens du toucher des cétacés est très développé. Leur peau est très fine et donc très fragile.

Humm, l'eau a du goût ! Avec sa langue, ce faux épaulard détecte beaucoup d'informations : la présence de poissons, le passage récent d'un requin, la proximité d'une côte rocheuse...

Attention : danger !

Les cétacés sont les rois des océans, ils ont peu de prédateurs. Seuls un requin ou une orque peuvent vaincre un jeune dauphin séparé de son clan. Mais leur plus grand ennemi, c'est l'homme. Il les chasse pour leur viande, les capture pour les enfermer dans des parcs d'attractions et pollue leur habitat.

Des baleines assoupies sont parfois percutées par des ferries.

Ce requin rôde. Patient, il attend sa proie : un jeune dauphin seul ou un adulte malade. Il profitera de sa faiblesse pour l'attaquer. Avec l'orque, le requin est un des rares prédateurs des cétacés.

Les cétacés, comme les autres animaux marins, sont victimes de la pollution. S'ils avalent un sac plastique, celui-ci bouche leur intestin, ce qui peut entraîner leur mort.

On utilisait leurs fanons pour faire des brosses, des baleines de parapluie...

Le Japon, la Norvège et l'Islande continuent à chasser les dauphins et les baleines pour leur viande. Les pêcheurs sillonnent les mers sur de grands navires-usines, appelés « baleiniers ».

FRANCHE, LA BALEINE ?

LE NOM DE LA BALEINE FRANCHE VIENT DU FAIT QU'UNE FOIS TUÉE, ELLE FLOTTE GRÂCE À SA COUCHE DE GRAISSE. AINSI, LES CHASSEURS POUVAIENT FACILEMENT LA REMORQUER.

La Commission baleinière se réunit tous les ans pour accorder des quotas aux pays chasseurs.

Les dauphins sont capturés pour animer des parcs d'attractions. Un sur deux meurt pendant sa première année de captivité. Les autres sont dressés à faire des cabrioles dans une piscine dont le chlore attaque leurs yeux.

STOP !

LA POLLUTION DE LA MER VIENT EN GRANDE PARTIE DES RIVIÈRES DANS LESQUELLES ON DÉVERSE NOS DÉCHETS. EAUX USÉES, PRODUITS CHIMIQUES, MÉTAUX LOURDS, PESTICIDES... S'ACCUMULENT AU FIL DE LA CHAÎNE ALIMENTAIRE ET EMPOISONNENT AUSSI LES CÉTACÉS.

Au secours des baleines

On peut agir pour protéger les cétacés. Des zones préservées ont été créées dans lesquelles ils peuvent vivre tranquillement. Si tu t'y rends, tu pourras les observer tout en les respectant. Tu peux aussi soutenir une association qui lutte pour la sauvegarde de ces animaux. La population de baleines grises du Pacifique Nord a ainsi pu être sauvée.

AU QUOTIDIEN

TU PEUX ÉVITER D'UTILISER DES SACS EN PLASTIQUE, T'ENGAGER AUX CÔTÉS D'UNE ASSOCIATION DE LUTTE POUR LA PROTECTION DES CÉTACÉS, OU CHOISIR DE NE PAS VISITER DE PARCS D'ATTRACTIONS QUI PROPOSENT DES SPECTACLES AVEC DES CÉTACÉS.

De nombreuses associations proposent des séjours en mer pour observer les cétacés, tout en les respectant et en aidant les scientifiques à mieux les connaître. Cela s'appelle l'écovolontariat.

Des associations font pression pour que la chasse aux cétacés cesse. Elles se mobilisent pour empêcher les baleiniers de se rendre sur les lieux de pêche et communiquent auprès du public.

La France, l'Italie et la principauté de Monaco ont créé le sanctuaire « Pelagos » en mer Méditerranée. Cet espace préservé doit permettre la cohabitation harmonieuse entre les animaux et les hommes.

Depuis 1988, l'Inie de Geoffroy, un dauphin qui vit dans le fleuve Amazone, est une espèce protégée au Brésil. C'est un des seuls dauphins d'eau douce qui ne semble pas en danger.

La baleine grise est protégée dans le Pacifique Nord. Il y en a presque autant qu'avant sa chasse.

Amis-amis ?

Depuis longtemps, l'homme chasse les cétacés et les utilise pour des expériences. Mais il existe aussi une belle histoire d'amitié, pleine de curiosité et de fascination entre ces drôles d'animaux marins et nous. Les baleines observent volontiers les plongeurs et nagent avec eux. Certains dauphins aident les pêcheurs à attraper du poisson et quittent même leur clan pour s'approcher. Alors, amis ?

L'armée utilise des dauphins pour localiser des armes sous-marines.

La plupart des animaux sauvages fuient les hommes. Mais pas les dauphins ni les baleines. Il existe un mot pour décrire leur façon de nous observer, le corps à moitié émergé : l'espionnage.

SAUVÉ PAR DES DAUPHINS

LE NAVIGATEUR EN SOLITAIRE, BERNARD MOITESSIER, RACONTE QU'IL A ÉTÉ SAUVÉ DU NAUFRAGE PAR UN GROUPE DE DAUPHINS PENDANT SON TOUR DU MONDE. ILS LUI ONT FAIT COMPRENDRE, PAR LEUR COMPORTEMENT ÉTRANGE, QU'IL SE DIRIGEAIT VERS DES RÉCIFS.

Malgré la chasse dont ils ont été victimes, les dauphins et les baleines n'attaquent pas l'homme. Cette baleine à bosse se laisse approcher et nage avec ce plongeur.

Les Imraguen, un peuple de Mauritanie, pêchent les bancs de mulets qui passent le long des côtes africaines avec l'aide des dauphins. Ceux-ci rabattent les poissons vers les filets et partagent leur butin.

DAUPHINS DOCTEURS ?

ON MET PARFOIS DES DAUPHINS - HÉLAS - CAPTIFS EN CONTACT AVEC DES ENFANTS AUTISTES. CETTE RENCONTRE PEUT ÊTRE ENRICHISSANTE POUR CES PERSONNES QUI ONT DU MAL À COMMUNIQUER AVEC LES AUTRES. MAIS, ON PEUT AUSSI LE FAIRE AVEC DES ANIMAUX DOMESTIQUES.

Certains musiciens s'inspirent du chant des baleines à bosse pour composer des mélodies.

Voici un dauphin « ambassadeur ». Comme certains grands dauphins, il a quitté son clan pour s'approcher des hommes. Il entre dans les ports, suit les pêcheurs et s'amuse avec les baigneurs.

Crédit photographique

AFP
Stephan Agostini : p. 35 (h).

Biosphoto
Mick Baines/Splashdown : p. 33 (b) ; **Franco Banfi/WaterFrame** : p. 29 (m) ; **Michel Breuil** : p. 33 (hg) ; **Fred Bruemmer/Peter Arnold** : p. 22 (b) ; **Kike Calvo/Visual and Written** : p. 13 (m) ; **Mark Carwardine** : p. 10 (g), p. 11 (b), p. 21 (b) ; **Mark Carwardine/Still Pictures** : p. 13 (b) ; **Peter Chadwick/Science Photo Library** : p. 21 (h) ; **Brandon Cole** : p. 11 (hd), p. 12 (d), p. 15 (b), p. 17 (h), p. 24 (d), p. 25 (b), p. 29 (b), p. 30 (d), 4e de couverture (hg et md) ; **Phillip Colla/Visual and Written** : p. 15 (hg) ; **Sylvain Cordier** : p. 12 (g), p. 31 (h), p. 34 (g) ; **Daniel Cox/OSF** : p. 30 (g) ; **Reinhard Dirscherl** : p. 23 (hd) ; **William Ervin/Science Photo Library** : p. 8 (g) ; **Jean-Paul Ferrero** : p. 16 (g) ; **Jean-Paul Ferrero/Auscape** : p. 26 (d) ; **David B. Fleetham/OSF** : p. 18 (d), p. 20 (g) ; **Véronique Fournier/Parc Astérix** : p. 20 (d), p. 21 (m), p. 25 (m) ; **François Gohier** : p. 17 (m), p. 17 (b), p. 23 (hg), p. 31 (m) ; **Arnaud Greth** : p. 37 (m) ; **Gulf of Maine Prod./Splashdown** : p. 27 (h) ; **Thomas Haider/OSF** : p. 14 (g) ; **Martin Harvey** : p. 37 (b) ; **Yann Hubert** : p. 27 (m), p. 35 (m) ; **J.-L. Klein/M.-L. Hubert** : 1re de couverture (bg et md), p. 14 (d), p. 28 (g) ; **W. Kolvoart/Foto Natura** : p. 32 (d) ; **Yves Lefèvre** : p. 22 (m), p. 37 (h) ; **Gilles Martin** : p. 33 (hd) ; **Louise Murray/Science Photo Library** : p. 32 (g) ; **Michael Nolan/Splashdown** : p. 36 (g) ; **Gerald Nowak/WaterFrame** : p. 19 (b) ; **Charlie Phillips/Splashdown** : p. 19 (h), p. 23 (b) ; **Wolfgang Poelzer/WaterFrame** : p. 28 (d) ; **Horst Schafer/Peter Arnold** : p. 19 (m) ; **Andre Seale/Splashdown** : p. 31 (b) ; **Michael Sewell/Peter Arnold** : p. 13 (h) ; **Gérard Soury** : p. 18 (g), p. 24 (g) ; **Lisa Steiner/Splashdown** : p. 16 (d) ; **Christopher Swann** : p. 26 (g) ; **Jean-Pierre Sylvestre** : p. 9 (h) ; **U.S. Navy/Science Photo Library** : p. 36 (d) ; **Dave Watts** : p. 25 (h) ; **Frank Wirth/WaterFrame** : p. 29 (h).

Corbis
HBSS : p. (b) ; **Claudio Peri/epa** : p. 34 (d) ; **Denis Scott** : p. 11 (hg), p. 35 (b).

National Geographic Stock
Flip Nicklin/Minden Pictures : p. 27 (b) ; **Brian J. Skerry** : p. 10 (d).

Photolibrary
Oxford Scientific (OSF)/Splashdown Direct : p. (d) ; **Pacific Stock/James Watt** : p. 15 (hd).

Cet ouvrage a été réalisé par les éditions Milan avec la collaboration de :
Delphine Boudou : coordination éditoriale et recherche iconographique,
Sylvaine Collart : maquette,
Karine Forest : correction,
Scanlor : gravure.

La typo « Olive » est une création d'**Olivier Balez**.

www.editionsmilan.com

Loi 49-956 du 16 juillet 1949 sur les publications destinées à la jeunesse.
ISBN : 978.2.7459.4731.4
Dépôt légal : 1er trimestre 2011
Imprimé en France par Pollina - L56048

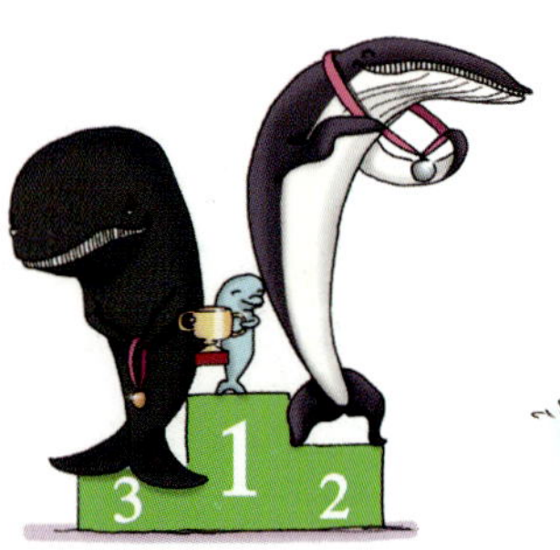